AUTORES:

JOSÉ MARÍA CAÑIZARES MÁRQUEZ
CARMEN CARBONERO CELIS

COLECCIÓN: MANUALES PARA PADRES SOBRE ACTIVIDAD FÍSICA, SALUD Y EDUCACIÓN EN LOS NIÑ@S

EXPRESIÓN CORPORAL EN TU HIJO

COLECCIÓN MANUALES PARA PADRES SOBRE ACTIVIDAD FÍSICA, SALUD, Y EDUCACIÓN EN LOS NIÑ@S

EXPRESIÓN CORPORAL EN TU HIJO.

AUTORES

José Mª Cañizares Márquez

- Catedrático de Educación Física
- Tutor del Módulo del Practicum del Master de Secundaria
- Especialista en preparación de opositores
- Autor de numerosas obras sobre Educación y Preparación Física

Carmen Carbonero Celis

- D. E. A. en Instituciones Educativas
- Licenciada en Pedagogía
- Maestra de Primaria y Secundaria en centros de Educación Compensatoria
- Didacta presencial del Módulo de Pedagogía General en el CAP
- Profesora de Pedagogía Terapéutica en Centro Educación Primaria

Título: EXPRESIÓN CORPORAL EN TU HIJO.

Autores: José Mª Cañizares Márquez y Carmen Carbonero Celis
Editorial: WANCEULEN EDITORIAL

Sello Editorial: WM EDICIONES

Dirección Web: www.wanceuleneditorial.com, www.wanceulen.com,

Email: info@wanceuleneditorial.com

I.S.B.N. (PAPEL): 978-84-9993-565-2

I.S.B.N. (EBOOK): 978-84-9993-589-8

©Copyright: WANCEULEN S.L.

Primera Edición: Año 2017

Impreso en España

WANCEULEN S.L. C/ Cristo del Desamparo y Abandono, 56   41006 SEVILLA

Reservados todos los derechos. Queda prohibido reproducir, almacenar en sistemas de recuperación de la información y transmitir parte alguna de esta publicación, cualquiera que sea el medio empleado (electrónico, mecánico, fotocopia, impresión, grabación, etc), sin el permiso de los titulares de los derechos de propiedad intelectual. Cualquier forma de reproducción, distribución, comunicación pública o transformación de esta obra solo puede ser realizada con la autorización de sus titulares, salvo excepción prevista por la ley. Diríjase a CEDRO (Centro Español de Derechos Reprográficos, www.cedro.org) si necesita fotocopiar o escanear algún fragmento de esta obra.

INDICE

INTRODUCCIÓN 7

1. LA EXPRESIÓN CORPORAL EN EL DESARROLLO DEL ÁREA DE EDUCACIÓN FÍSICA. 9

    1.1. Definiciones. 9

    1.2. La Expresión Corporal en el Diseño Curricular. 10

    1.3. El cuerpo y el movimiento como elementos de expresión y comunicación. 12

2. MANIFESTACIONES EXPRESIVAS ASOCIADAS AL MOVIMIENTO CORPORAL. 13

    2.1. Aspectos históricos. 13

    2.2. Orientaciones en la Expresión Corporal. 14

3. INTERVENCIÓN EDUCATIVA. 16

    3.1. Ejemplos de actividades lúdicas. 23

    3.2. Aspectos metodológicos. 26

    3.3. Los recursos en expresión corporal. 26

    3.4. Estructura de la clase en expresión corporal. 27

    3.5. La evaluación en expresión corporal. 28

CONCLUSIONES 28

BIBLIOGRAFÍA 29

WEBGRAFÍA 32

INTRODUCCIÓN

La Expresión Corporal es una realidad muy joven, nos encontramos todavía en una fase de exploración inicial porque todo lo aportado por los creadores y autores aún no ha sido convenientemente analizado y estructurado (Rodríguez Terrón, 2006).

La expresión y comunicación corporal se configura como medio fundamental de relación de las personas desde sus primeros meses de vida, hasta la adquisición de otras vías que les permitan la comunicación (Vizuete, 2003). Por lo tanto, no se trata de buscar la eficacia sino de ayudar a encontrar un cuerpo expresivo capaz de comunicar ideas, sentimientos, etc., en un espacio y tiempo tanto personal como colectivo.

Si bien sus orígenes, desde el punto de vista de su sistematización, los encontramos en la Escuela Alemana-Movimiento de Centro, la LOGSE la dotó de un soporte "legal" dándole una gran importancia en el currículum, aunque arrastró tras sí una carga de estereotipos sexistas que es necesario eliminar aún hoy día. La L. O. E. lo ratificó.

La Expresión Corporal, como resultado de la percepción reflexiva y del movimiento expresivo, debe estar centrada en la presencia, conciencia y vivencia del cuerpo como totalidad personal en el movimiento (Arteaga, Viciana y Conde, 1997).

En el ámbito de la actividad física es donde posee una mayor relevancia porque tiene una gran riqueza educativa, aunque es difícil de aplicar para muchos docentes (Cachadiñas -coord.-, 2006). A partir de aquí nos podemos aproximar más a la idea de "lenguaje corporal", especialmente desde que se emplean técnicas expresivas específicas como las propias del mimo, baile, dramatización, etc.

Una educación rica en Expresión Corporal o una Expresión Corporal rica en valores educativos va a preparar al niño y a la niña para muchas más cosas que para poder expresarse y captar mensajes a través del lenguaje corporal (Gil y Gutiérrez, 2005).

El currículum actual destaca la expresión en los objetivos de Etapa y Área, así como en el bloque de contenidos número tres y en varios criterios y estándares de aprendizaje.

Destacamos cuatro manifestaciones expresivas que usan parecidos medios, aunque objetivos desiguales: psicológica, metafísica, escénica y pedagógica.

Actualmente, están apareciendo "prácticas no tradicionales" que utilizan métodos relacionados con la Expresión y Comunicación Corporal, que persiguen una formación desde la perspectiva de la experiencia vivencial de la persona, cualquiera que sea su edad y condición (Cuéllar y Francos, 2008).

En la práctica expresiva las propuestas se centran, fundamentalmente, en la búsqueda del equilibrio y la armonía entre la vertiente física y psíquica. Por esta razón nos servimos de elementos que la **motricidad** también puede ofrecer para la realización de nuestro trabajo, puesto que, para llegar a conseguir que el cuerpo se exprese, hay que saber trasladar la idea y la imagen al gesto físico. Así, el conocimiento del propio cuerpo, actitud, postura, relajación, respiración, las capacidades perceptivas y coordinativas, además de la expresión de emociones y sentimientos, la creatividad... nos ayudarán a conseguir el desarrollo armónico corporal y psíquico del individuo (Shinca, 2011).

1. LA EXPRESIÓN CORPORAL EN EL DESARROLLO DEL ÁREA DE EDUCACIÓN FÍSICA.

Expresividad es la capacidad potencial del ser humano cuyo efecto se refleja en la expresión. **Expresión** es el acto de exteriorizar algo oculto. En cambio, **creación** es la capacidad de realizar, inventar una realidad nueva e inexistente y es una capacidad potencial del ser humano (Rodríguez Terrón, 2006).

Se consolida como contenido desarrollado en el currículum escolar a partir de la década de los 90 del pasado siglo, aunque aún sigue siendo un aprendizaje que exige mayores matices que otros más habituales en la cultura de la Educación Física. Así pues, tiene un espacio propio y equilibrado, sobre todo en Primaria (Navarro, 2007).

La expresión corporal se basa en dos pilares (Motos, 1983):

a) La **técnica** nos proporciona el conocimiento de las posibilidades corporales a través de la conciencia segmentaria y el análisis y estudio del movimiento.

b) La **espontaneidad** que surge de del potencial vital y creador del alumnado.

Es una capacidad que nos otorga la liberación, exteriorización y nos sensibiliza el conocimiento, manteniéndonos abierto al mundo, a la sociedad y a nuestro propio "yo" a través del lenguaje corporal expresivo (Cuéllar y Francos, 2008).

1.1. DEFINICIONES.

En la bibliografía especializada hay muchos autores que la definen, si bien el término puede admitir varias interpretaciones (Ortiz, 2002). De los más conocidos escogemos a:

Shinca (1983):

"*Disciplina que estudia y profundiza el empleo del cuerpo, buscando un lenguaje propio a través del trabajo corporal*".

Villada y Vizuete (2002):

"*Capacidad que permite a todos los seres humanos que exterioricen y pongan de manifiesto sus deseos, sentimientos, pensamientos, emociones y sensaciones, materializándolo a través del cuerpo. La expresión corporal se sirve de los gestos, las posturas, las miradas, el movimiento y de todas las posibilidades que el cuerpo humano es susceptible de generar*"

Rodríguez Terrón (2006):

"*Disciplina que tiene por objeto el estudio, trabajo y desarrollo de los aspectos expresivos, comunicativos, afectivos y cognoscitivos del cuerpo y el movimiento. Todo ello orientado hacia la formación integral de la persona*".

Zagalaz, Cachón y Lara (2014):

Toman como referencia al DRAE, "*técnica practicada por el intérprete para expresar circunstancias de su papel por medio de gestos y movimientos, con independencia de la palabra*"

En **resumen** podemos decir que es *"toda acción, gesto o palabra desarrollado por nuestro cuerpo con el fin de comunicarnos"* (Ortiz, 2000).

1.2. LA EXPRESIÓN CORPORAL EN EL DISEÑO CURRICULAR.

En el ámbito de la Educación Física, la Expresión Corporal debe contribuir al desarrollo integral del individuo potenciando el conocimiento y desarrollo del lenguaje corporal a través de técnicas que favorezcan:

- Exteriorizar lo más profundo de cada individuo a través del cuerpo y del movimiento, es decir, **expresar**.
- Reforzar la utilización del cuerpo y el movimiento como medios de **comunicarnos**.
- Analizar el valor **estético** y **artístico** del cuerpo (Ortiz, 2002).

La Ley 17/2007, de Educación de Andalucía, estima en su artículo 40 que el currículo escolar deberá recoger **hechos diferenciadores de Andalucía**, como el **flamenco**. La O. de 7/05/2014, establece medidas para la **inclusión** del Flamenco en el **sistema educativo andaluz**.

En todos los elementos del Diseño aparecen referencias a la Expresión Corporal:

a) R. D. 126/2014, Artículo 6. *Principios generales.*

"La **finalidad** de la Educación Primaria es facilitar a los alumnos y alumnas los aprendizajes de la **expresión** y comprensión oral, la lectura, la escritura, el cálculo, la adquisición de nociones básicas de la cultura, y el hábito de convivencia así como los de estudio y trabajo, el **sentido artístico**, la **creatividad** y la **afectividad**, con el fin de garantizar una formación integral que contribuya al pleno desarrollo de la personalidad de los alumnos y alumnas y de prepararlos para cursar con aprovechamiento la E.S.O. La acción educativa en esta etapa procurará la integración de las distintas **experiencias** y aprendizajes del alumnado y se adaptará a sus ritmos de trabajo".

El mismo R.D. indica sobre el currículo que *"los elementos curriculares de la programación de la asignatura de Educación Física pueden estructurarse en torno a cinco situaciones motrices diferentes"*. Una de ellas está relacionada con el **expresión**: *"Acciones motrices en situaciones de índole artística o de expresión. En estas situaciones las respuestas motrices requeridas son de carácter estético y comunicativo y pueden ser individuales o en grupo. El uso del espacio, las calidades del movimiento, así como los componentes rítmicos y la movilización de la imaginación y la creatividad en el uso de diferentes registros de expresión (corporal, oral, danzada, musical), son la base de estas acciones. Dentro de estas actividades tenemos los juegos cantados, la expresión corporal, las danzas, el juego dramático y el mimo, entre otros"*.

b) O. 17/03/2015. *Aspectos Generales del Área de Educación Física. Introducción.*

"El área de Educación física tiene como finalidad principal el desarrollo de la competencia motriz orientada a la puesta en práctica de procesos, conocimientos y actitudes motrices para realizar actividades y ejercicios físicos, representaciones, escenificaciones, juegos y deportes. La enseñanza de la Educación física ha de promover y facilitar que alumnos y alumnas se sientan bien con su cuerpo, que adquieran una comprensión significativa del mismo y de sus posibilidades, a fin de

*conocer y dominar actuaciones diversas que les permitan su desenvolvimiento de forma normalizada en el medio, mejorar sus condiciones de vida, disfrutar del ocio y establecer ricas y fluidas **interrelaciones** con los otros. De igual manera, se debe resaltar la importancia educativa del **conocimiento corporal vivenciado** y de sus posibilidades lúdicas, **expresivas y comunicativas**; así como la importancia de la aceptación del propio cuerpo y de utilizarlo eficazmente".*

c) Competencias Clave.

La LOMCE/2013 indica una serie de competencias. Las más relacionadas, son:

- ***Conciencia y expresiones culturales***. La expresión de ideas o sentimientos de forma creativa contribuye mediante la exploración y utilización de las posibilidades y recursos del cuerpo y del movimiento. A la apreciación y comprensión del hecho cultural, y a la valoración de su diversidad, lo hace mediante el reconocimiento y la apreciación de las manifestaciones culturales específicas de la motricidad humana, tales como los deportes, los juegos tradicionales, las actividades expresivas o la danza y su consideración como patrimonio de los pueblos.

- ***Comunicación lingüística***. Ofrece gran variedad de intercambios comunicativos, del uso de las normas que los rigen y del vocabulario específico que el área aporta.

- ***Competencias sociales y cívicas***. Las características de la Educación física, sobre todo las relativas al entorno en el que se desarrolla y a la dinámica de las clases, la hacen propicia para la educación de habilidades sociales, cuando la intervención educativa incide en este aspecto. Las actividades físicas y en especial las que se realizan colectivamente son un medio eficaz para facilitar la relación, la integración y el respeto, a la vez que contribuyen al desarrollo de la cooperación y la solidaridad. Los elementos fundamentales de esta competencia incluyen el desarrollo de ciertas destrezas como la capacidad de comunicarse de una manera constructiva en distintos entornos sociales y culturales, mostrar tolerancia, expresar y comprender puntos de vista diferentes, negociar sabiendo inspirar confianza y sentir empatía. Las personas deben ser capaces de gestionar un comportamiento de respeto a las diferencias expresado de manera constructiva.

d) Objetivos de Etapa.

Destacamos al objetivo "**j**" "*Utilizar diferentes representaciones y expresiones artísticas e iniciarse en la construcción de propuestas visuales*". Pero hay otros aplicables.

e) Objetivos de Área para la Etapa.

El objetivo **O. EF. 3** del Área de Educación Física indica "*Utilizar la imaginación, creatividad y la expresividad corporal a través del movimiento para comunicar emociones, sensaciones, ideas y estados de ánimo, así como comprender mensajes expresados de este modo*". También otros objetivos están relacionados aunque no tan directamente, como es el caso del O. EF.1., sobre el "conocimiento del propio cuerpo".

f) Bloques de Contenido.

La Expresión Corporal está ubicada en el **Bloque 3**: "*La Expresión corporal: expresión y creación artística: se refiere al uso del movimiento para comunicarse y expresarse, con creatividad e imaginación*" (O. 17/03/2015). Ponemos algunos **ejemplos**:

3.1. Investigación y exploración de las posibilidades expresivas del cuerpo (tono muscular, mímica, gestos) y del movimiento (ritmo, espacio, tiempo).
3.2. Expresión e interpretación de la música en general y el flamenco en particular a través del cuerpo, sincronizando sencillas estructuras rítmicas a
partir de un compás y un tempo externo.
3.3. Práctica de sencillos bailes y danzas populares o autóctonas de la Comunidad Andaluza.
3.4. Imitación y representación desinhibida de emociones y sentimientos a través del cuerpo, el gesto y el movimiento.

g) Evaluación.

El **criterio** más directamente relacionado con la expresión es el nº 2 (R.D.126/2014):

2. *Utilizar los recursos expresivos del cuerpo y el movimiento, de forma estética y creativa, comunicando sensaciones, emociones e ideas.*

Los **indicadores** que le corresponden, son:

2.1. Representa personajes, situaciones, ideas, sentimientos utilizando los recursos expresivos del cuerpo individualmente, en parejas o en grupos.
2.2. Representa o expresa movimientos a partir de estímulos rítmicos o musicales, individualmente, en parejas o grupos.
2.3. Conoce y lleva a cabo bailes y danzas sencillas representativas de distintas culturas y distintas épocas, siguiendo una coreografía establecida.
2.4. Construye composiciones grupales en interacción con los compañeros y compañeras utilizando los recursos expresivos del cuerpo y partiendo de estímulos musicales, plásticos o verbales.

1.3. EL CUERPO Y EL MOVIMIENTO COMO ELEMENTOS DE EXPRESIÓN Y COMUNICACIÓN.

El cuerpo y el movimiento corporal asociado al individuo han supuesto formas de comunicación que se han usado para sacar al exterior sentimientos, estados de ánimo e ideas muy variadas. Es la forma que en que cada persona se manifiesta espontáneamente y que, a su vez, es susceptible de ser observada por los demás dando lugar al fenómeno de la comunicación (Zagalaz, Cachón y Lara, 2014).

Stokoe (1986), analiza desde un punto de vista didáctico la siguiente clasificación:

- Comunicación **intrapersonal**. La establece el individuo consigo mismo. Mejora su esquema corporal.
- Comunicación **interpersonal**. Se establece con otro para interactuar y conocimiento mutuo para obtener un verdadero diálogo corporal.
- Comunicación **grupal**. La que realizan tres o más personas.
- Comunicación **intergrupal**. Se establece entre dos grupos.

2. MANIFESTACIONES EXPRESIVAS ASOCIADAS AL MOVIMIENTO CORPORAL.

En la comunicación interpersonal usamos dos canales de comunicación: la palabra o comunicación verbal y el gesto y la postura o comunicación no verbal. La primera usa la vía acústica y dentro de ésta el lenguaje verbal o lo que se dice y el paraverbal o cómo se dice. En la no verbal, usamos las vías táctil y visual (Motos, 1983).

De cualquier forma, los elementos básicos de la comunicación son el emisor, el mensaje, el canal y el receptor. Dependiendo del canal usado para mandar el mensaje, se dan diversos tipos de expresión y comunicación (Delgado, Tercedor y Torre, 2008).

Todos estos elementos, a lo largo de la historia, han tenido diversas tendencias y usos que ahora comentamos.

2.1. ASPECTOS HISTÓRICOS.

Para este punto tomamos como base a Chinchilla y Díaz (2015).

En la **Prehistoria**, la danza es una manifestación de carácter étnico. A través de ella se invoca a la naturaleza y se representan los diferentes elementos naturales para ejercer el control sobre ellos. Se danza para sacrificios, se danza imitando a los animales para atraerlos, también alrededor de los ancianos para captar su sabiduría, etc.

En las **Antiguas Culturas**, tras el paso de tribus a naciones, la danza se hermetiza y codifica y la hacen especialistas, aunque esto no impide que cada cultura tenga las suyas.

En la **Edad Media** el culto al cuerpo pasa a un segundo plano debido, entre otras cosas, al dualismo cuerpo-mente que hace que aquél sea un obstáculo para la salvación del alma. Surge la "momería" a modo de antesala del ballet teatral, donde los participantes actúan disfrazados y con máscaras, si bien le falta la acción dramática coordinada y la diversidad de danzas. Los "Entremeses" son muy comunes en los siglos XIV y XV y se representan durante las comidas.

En el **Renacimiento** empiezan a ignorarse las prohibiciones provenientes de la Iglesia sobre las actividades expresivas y surge el Humanismo, que retoma el pensamiento de la Cultura Clásica. Entre los espectáculos típicos de la época están las "Mascaradas" y los "Intermedios", de procedencia italiana, y las "Fiestas" y la "Interacción Artística", originarias de Italia y Francia, que desemboca en el "Ballet de Cour", a finales del siglo XVI. Posteriormente decae, dando paso a la Ópera Italiana y al Teatro. El profesionalismo de la danza hace que decaiga la inspiración.

En el **siglo XVI** el ballet surge en Francia auspiciado por la nobleza. Beauchamp hace evolucionar a la danza clásica, codificándola y estableciendo las cinco posiciones de base.

En el **siglo XVIII**, Noverre es considerado un personaje clave por sus trabajos en el teatro, la coreografía y en la reforma de la danza, así como ser el inspirador de la actual Gimnasia Moderna.

Ya en el **siglo XIX** encontramos una conexión en fase inicial de las actividades corporales expresivas y estéticas, concretamente con los considerados promotores de la gimnasia moderna. Delsarte es precursor de la danza moderna e influye decisivamente en la propagación de la expresión corporal en U.S.A. a finales de siglo.

Así, tras intentos de ideas globalizadoras, a finales del siglo XIX y principios del **siglo XX**, tras los acontecimientos de **Mayo de 1968** y la explosión de los movimientos del rock y del pop, la psicodelia y la contracultura, encuentra el "cuerpo expresivo" su verdadera dimensión. No obstante, tenemos que mencionar a los "Sistemas Rítmicos", en concreto, la Gimnasia Rítmica con Dalcroze; la Gimnasia Expresiva con Isadora Duncan; Von Laban, Wigmann y Bode; la Gimnasia Moderna con Heinrich Medau, Hilma Jalkanen y Ernest Idla. También podemos destacar en el siglo XX a Alberto Dallo y Otto Hannebuth. En el último cuarto del siglo surgen nuevos sistemas rítmicos como la Gimnasia Jazz, la Danza-Jazz, el Aeróbic y sus variantes de Step, Cardiobox, etc. (Fernández García, 2011). También los Bailes de Salón y las Danzas Folclóricas (Otero, 2012).

En los primeros lustros del **siglo XXI** debemos destacar el auge de las actividades relacionadas con las coreografías, posiblemente debido al apoyo de determinados programas y concursos de televisión, entre otros motivos. En cualquier caso, las TIC, aparecidas a finales del siglo XX y en pleno desarrollo en el siglo XXI, han traído "nuevas formas" formas a la expresión, sobre todo como medio para su aplicación didáctica, como veremos más adelante. En cualquier caso, la "**zumba**" está de plena moda, sin olvidarnos de la "**batuka**" o la "**capoeira**" y otras coreografías con ritmos muy dinámicos.

2.2. ORIENTACIONES EN LA EXPRESIÓN CORPORAL.

Fernández -coord.-, (2002) y Delgado, Tercedor y Torre, (2008), basándose en Le Baron (1982), indican que dentro del panorama de las "*manifestaciones expresivas asociadas al movimiento corporal*", tanto en sus fundamentos teóricos como en los prácticos, existen cuatro **corrientes** u **orientaciones** de aplicación bien definidas. Se caracterizan porque todas ellas utilizan los mismos medios e idénticos ejercicios, aunque su finalidad está claramente diversificada:

a) ORIENTACIÓN PSICOLÓGICA.

Introduce la expresión corporal en la esfera de las **terapias psicoanalíticas** de inspiración freudiana. No se trata aquí de concretar o expresar un personaje con la intención de un espectáculo, sino de profundizar en **uno mismo** y, sobre todo, en su relación con los demás, reeducando y reequilibrando al sujeto que la practica, ofreciéndole ajustes conductuales (Valín, 2010).

El descubrimiento del propio cuerpo, la puesta en relación con otro por la mirada, la palabra, el contacto, el placer que se puede tener jugando con el cuerpo, hacen que algunas sesiones puedan servir de sustitutos a curas psicoanalíticas **clásicas**.

En los últimos años se practica con fines terapéuticos la "danzaterapia" y la "biodanza" (Montávez, 2005).

b) ORIENTACIÓN METAFÍSICA o FILOSÓFICA-SOCIAL.

Procede de las filosofías y prácticas orientales, donde el cuerpo es el medio de tránsito ritual hacia el "más allá" (Rodríguez Terrón, 2006). Corresponde a una búsqueda de lo espiritual, traducidas tanto por una técnica naturista en el paraíso como en la meditación trascendente. Es el Zen, yoga, meditación trascendental,... trata de una unión del alma-cuerpo, de experiencias no habituales del cuerpo y de la mente (Rojas, 2007).

c) ORIENTACIÓN ESCÉNICA.

Está próxima a las **artes** y al profesionalismo del **espectáculo**, incluyendo las técnicas acrobáticas y el mimo, donde todos los componentes del arte escénico son estudiados y tomados en cuenta. Se pone el acento en la **transmisión** al público de un **mensaje** en el cual se busca la coherencia óptima entre un personaje o un sentimiento que es interpretado, y la forma del gesto más apropiado para expresarlo y comunicarlo (Mateu, 1999).

d) ORIENTACIÓN PEDAGÓGICA-ESCOLAR.

En educación física se utiliza fundamentalmente la **dramatización**, el **mimo** y la **danza**. Pretende que el alumnado conozca y desarrolle sus capacidades expresivas y sepa comunicarse con los demás a través de las mismas. Un sector de la "nueva educación física", se centra en la **exploración** del movimiento más que en el aprendizaje de unas técnicas cuyo fin es el deporte y no concibe la formación corporal sin una iniciación a la **creación**. Incluso aplican estos contenidos en la "educación de personas adultas" a través de talleres. Con la L.O.G.S.E., la renovación llevada a cabo en los objetivos, métodos y contenidos de la educación física, arranca de una concepción nueva del cuerpo y la enseñanza. La LOE/2006, modificada por la LOMCE/2013, lo **reafirmó**. En este sentido cabe destacar el bloque de contenidos del Área.

El conjunto de estas concreciones supone la actuación de mecanismos relacionados con conceptos tales como la creatividad, creación, simbolización, representación, emoción, sensación, expresión, lo imaginario, el sentimiento...

Por otro lado, destacamos que favorece la comunicación dentro de la estructura de **participación social del aula** -interacciones entre docente-alumnado e interdiscentes, sobre todo hoy día que nuestras aulas están inmersas en el fenómeno de la interculturalidad- (Ansó, 2007).

El creciente fenómeno de la inmigración está configurando los nuevos escenarios sociales, culturales y también educativos. En estos momentos la educación en España está abordando uno de los retos más importantes de su historia: la inclusión de un alumnado cuya **diversidad cultural**, a todos los niveles (social, cultural, lingüístico y religioso), no era antes conocida (Leiva, 2012).

No olvidemos que la orientación escolar pone en juego multitud de aspectos eminentemente educativos muy aprovechables para nuestra **intervención didáctica**. Por ejemplo, el **gesto**, la **postura**, la **mirada**, la conducta táctil, la necesaria **cooperación** y mejora de los aspectos **cognitivos** para crear, etc., como veremos en el **siguiente** punto, son portadores de información que acompaña al mensaje verbal interactuando con éste y conformando el fenómeno del proceso comunicativo (Gil y Gutiérrez 2005).

3. INTERVENCIÓN EDUCATIVA.

Montesinos (2004), especializado en un método de enseñanza *"natural y evolutivo"*, indica que el **objetivo** último de nuestra intervención es contribuir al **crecimiento personal** del alumnado y a la mejora de sus sistemas de **comunicación**.

Navarro (2007), citando a LLeixá (2003), indica que las prácticas de expresión no comparten los objetivos de otras, como "**superarse** a sí mismo" o "ganar a los contrincantes", sino "**descubrirse** a sí mismo", "desbloquear las emociones" o "**vivir mejor** en el propio cuerpo", lo cual implica un número de actividades diferentes.

En la bibliografía especializada hay muchas propuestas de intervención. Gil y Gutiérrez (2005), citan a Villada, Quintana, Centro Municipal de Investigación y Dinamización Educativa de Sevilla (CEMIDE), etc. También, Castillo (2000) y Ortiz (2002) y Cachadiñas -coord.- (2006) proponen unos contenidos por niveles. Por otro lado, Montávez y Zea (1998), plantean un modelo, aunque más ejemplificado hacia la E.S.O.

Navarro (2007), reconoce que las nuevas incorporaciones de actividades a la expresión corporal ayudan a **diversificar** las experiencias del alumnado: cuento motor, mimodrama, títeres, máscaras y sombras chinescas, tai chi y otras técnicas orientales, etc. son ejemplos de un contenido en pleno desarrollo.

Martínez y Díaz (2008), destacan la importancia de las habilidades expresivas en el proceso **creador** del alumnado.

En cualquier caso, las manifestaciones socioculturales que en relación con el cuerpo y su expresividad tienen lugar en nuestra sociedad, son muchas y con planteamientos muy variados y suelen servirnos de referencia para nuestras acciones didácticas. No obstante, sólo algunas pocas son más aplicables debido a su más o menos dificultad de grado técnico e interpretativo, tiempo necesario, objetivos de la unidad didáctica, recursos disponibles, etc.

Así pues, basándonos en estos autores y en la propia secuenciación de contenidos de los "*mapas de desempeño*" (O. 17/03/2015), **proponemos** un **primer** nivel con unos aprendizajes más elementales y un **segundo** donde se incorporan otros más complejos, pero sobre la base del anterior. En todo caso, cada maestra y maestro los aplicará en función de las variables de su contexto (Cañizares y Carbonero, 2007):

a) ASPECTOS BÁSICOS (1º y 2º Ciclo)	b) ASPECTOS COMPLEJOS (2º y 3º ciclo)
<ul><li>1. Lenguaje corporal</li><li>2. Gesto</li><li>3. Ritmo</li><li>4. Movimiento corporal.</li><li>5. Técnicas teatrales adaptadas</li></ul>	<ul><li>1. Dramatización. Juego dramático</li><li>2. Mimodrama</li><li>3. Baile-Danza</li><li>4. Coreografía</li></ul>

a) **ASPECTOS BÁSICOS**.

1. Lenguaje Corporal.

El lenguaje corporal o comunicación no verbal es el **conjunto** de movimientos, gestos, miradas, actitudes, etc. con los que la persona manifiesta lo que piensa o siente (Valín, 2010).

Supone verter al exterior todos los sentimientos internos, así como las emociones más diversas que experimentamos. Al mismo tiempo, permite que aflore la originalidad y creatividad que todos poseemos por el hecho de ser diferente al otro en todos los niveles de la persona (Martín, Cabañas y Gómez, 2005).

Cualquier relación que establezcamos con los demás se soporta con el apoyo del lenguaje corporal y sus posibilidades de comunicación, de tal forma que el movimiento adquiere la condición de elemento fundamental constitutivo de la expresión corporal (Pastor, 2007).

La Expresión Corporal es el **lenguaje del cuerpo**, el natural de la persona, el más inmediato y propio de ella.

Las **fases** en la **construcción** del lenguaje corporal son tres y aunque las veamos de forma aisladas, en realidad son interdependientes: conocimiento y dominio **corporal**, del **espacio** y del **tiempo**. (Ortiz, 2002).

- **Conocimiento y dominio de nuestro cuerpo. (Cinésica)**.

Antes de adentrarnos en el conocimiento y dominio espacio-temporal, antes de salir al exterior, es conveniente vivenciar las experiencias relacionadas con el propio cuerpo. El comportamiento cinésico (del griego "kínesis" movimiento), comprende los gestos, la mímica facial, la mirada y las posturas corporales (Gil y Gutiérrez, 2005). Con nuestro propio cuerpo **exteriorizamos** nuestros pensamientos, sentimientos y emociones a través de posturas, gestos y movimientos que su aúnan en el mensaje dirigido a los demás (Valín, 2010).

Los **pasos** a seguir en el conocimiento y dominio del cuerpo son:

- Concienciación de la morfología corporal, sus zonas y segmentos, admitiendo las capacidades y limitaciones propias.
- Experimentación de todas las posibilidades de expresión.
- Búsqueda de nuevos caminos para la comunicación interna y externa.

Ruano (2006), divide el trabajo corporal en varias zonas debido a que cada una presenta rasgos característicos propios: cabeza y cara; cejas; ojos; manos y brazos; hombros; tronco; cintura; piernas y pies; expresividad global.

- **Dominio del espacio. (Proxémica)**.

La **proxémica** es el estudio del uso y percepción del espacio personal y los espacios interpersonales, así como la influencia del espacio construido y su organización (Gil y Gutiérrez, 2005). Nuestro cuerpo es una unidad de movimiento que necesita un espacio (próximo o lejano), para poder expresar y desarrollar al máximo sus capacidades. Para realizar un correcto estudio del espacio lo dividimos en **dos** tipos de zonas en función de la **proximidad**:

- **Espacio próximo (kinesfera)**. Es la zona que se encuentra en los límites corporales y todo el que puede abarcar el cuerpo en movimiento sin desplazamiento: la "burbuja imaginaria" que nos sigue en los desplazamientos.
- **Espacio lejano**. Es el área donde se encuentran los otros sujetos. Lo abordamos a partir del dominio del espacio próximo.

- **Dominio del tiempo. (Cronémica)**.

Las actividades que ocupan un espacio también tienen una duración determinada, posea o no soporte musical (Valín, 2010). El estudio y desarrollo cuantitativo y cualitativo de la duración del movimiento es lo que se denomina "factor tiempo". El ritmo es el elemento motor de la música, la estructura rítmica organiza todos los aspectos referentes a las duraciones temporales de los sonidos (Rodríguez Terrón, 2006).

De la misma manera que nuestro cuerpo funciona a través de los movimientos rítmicos de cada una de sus partes, el empleo de la música para la coordinación corporal resulta de gran utilidad en las clases de Educación Física (Fernández García, 2011).

Es necesario dominarlo para expresar algo en el **momento** adecuado. El ritmo compartido debe ser la base de la comunicación humana. Es necesario ajustar el movimiento corporal a las estructuras rítmicas previamente establecidas (Fernández -coord.- 2002).

2. El Gesto.

Son los movimientos de todo el cuerpo, o parte de él, con los que expresamos estados de ánimo y sentimientos, buscando modificar nuestra relación con el mundo exterior (Fernández -coord.- 2002). En realidad no existe unanimidad a la hora de delimitar la zona corporal a la que se refiere el gesto, ya que encontramos autores que lo consideran referido a todo el cuerpo, mientras otros lo circunscriben al rostro y manos (Gil y Gutiérrez, 2005).

Muchos especialistas lo han estudiado, Ortiz (2002), cita a:

- **Stoetzel** (1971). Los clasifica en autísticos (sin intención comunicativa), habituales (expresan más de lo que pretenden comunicar) y simbólicos (los determinados culturalmente).
- **Scheflen** (1976). Distingue entre gestos de referencia (los que señalan), los enfáticos (que realzan), demostrativos (describen imágenes) y táctiles (el que establece un contacto). En cuanto a su forma, pueden ser rápidos, ligeros, categóricos, etc.
- **Motos** (1983). Estudia los gestos en los primeros años de vida: reflejos, emocionales y proyectivos.
- **Valín** (2010). Establece una clasificación en varios grupos: universales (comunes e innatos en todas las culturas, como alegría o asco). Culturales o aprendidos (los imitamos, como sacar la lengua para demostrar burla). Personales o creativos (los que desarrollamos y expresan nuestro carácter, muy propios de actores profesionales).

3. El Ritmo.

El ritmo es un fenómeno universal, está inmerso en nuestros procesos fisiológicos. Mejora la coordinación y el equilibrio, además de economizar el esfuerzo (Ortiz, 2002).

Bernal y Calvo (2000), lo definen como "*la subdivisión de un periodo de tiempo en secciones perceptibles por los sentidos*".

Ritmo es la **armonía**, el **orden** en la sucesión de las cosas; es la **frecuencia** de algo. El ritmo organiza la dimensión temporal que da sentido a la música (Lorenzo y Souto, 2008). El ritmo de movimiento viene dado, precisamente, por la organización temporal de las secuencias variadas de movimientos y es básico a la hora de abordar bailes populares y tradicionales simples (Shinca, 2011).

Dentro del ritmo hay que tener en cuenta tres elementos constituyentes: **pulso**, que es una percusión repetida de forma regular y periódica; **acento**, que son aquellas pulsaciones que se destacan periódicamente dentro del conjunto por concentrar una cantidad de energía mayor; **duraciones** o tiempo que transcurre desde el comienzo al cese del sonido (Lorenzo y Souto, 2008).

4. Movimiento corporal. Elementos cualitativos.

El movimiento se entiende como el **cambio de situación** de un ser corpóreo en el espacio y presenta cuatro componentes fundamentales: qué es lo que se desplaza (segmento); en qué dirección (espacio y sentido); con qué energía (intensidad) y durante cuánto tiempo (duración) (Rodríguez Terrón, 2006).

Los **elementos cualitativos** del movimiento son las diferentes formas de usar el cuerpo, el espacio, el tiempo y la energía (Ortiz, 2002).

El trabajo del cuerpo en expresión se caracteriza por el hecho de que, partiendo de unos elementos y capacidades de ejecución más o menos objetivos (elementos cuantitativos), éstos son transformados en cualitativos. El objetivo de trabajo es la toma de conciencia, sensibilización y afinamiento del cuerpo como instrumento (Rodríguez Terrón, 2006).

Siguiendo a Shinca (1988), citada por Cachadiña (2006), los cinco factores que actúan sobre el movimiento y de los que depende la **calidad** del mismo, son:

- **Energía**. Grado de tensión, el **tono** muscular. Pueden ser movimientos fuertes o suaves.
- **Fluir**. Relacionado con la **energía**, ya que cuando se propaga de manera constante y regular el movimiento es continuo, al contrario sería discontinuo.
- **Gravedad**. Los movimientos realizados a su favor son pesados y, al contrario, son livianos.
- **Espacio**. Donde se desarrolla el movimiento. Puede tener una sola dirección y será directo. Si cambia de dirección será indirecto, flexible o curvo.
- **Tiempo**. La duración del movimiento provoca que éste sea sostenido (largo, lento) o súbito (rápido).

Por ejemplo, cuando hacemos una caricia nuestro gesto es curvilíneo (espacio), lento (tiempo), discontinuo (fluir), liviano (gravedad) y suave (energía).

Rueda (2004), en cambio, cita como los **elementos** fundamentales de la **expresión** a: **cuerpo, espacio, tiempo y energía**.

5. Técnicas teatrales adaptadas.

Dependiendo de las características del grupo y de las posibilidades de espacios, podemos realizar ya desde los primeros cursos, estas técnicas teatrales, pero siempre **adaptadas**:

- El **cuento**. Narrado, inventado y escenificado de forma grupal. El "cuentacuentos"; el "kamishibai" o teatro de papel, original de Japón, y que potencia la expresión oral (Rojas, 2007).
- El **guiñol**. Juego de títeres y marionetas.
- Las **sombras chinescas**. Gestos, posturas y personajes delante de un foco.
- La **cámara negra**. Es un foco fluorescente que resalta las partes del cuerpo a destacar.
- Las **máscaras**. Potencian la expresividad de las partes no ocultas.
- **Sketch** o flash. Se representan o parodian anuncios, estatuas, cuadros, etc.

b) **ASPECTOS MÁS COMPLEJOS.**

Para aplicarlos debemos basarnos en unos aprendizajes **previos** de conocimiento corporal, espacio, tiempo, ritmo, gesto... y así poder crear drama, mimo, danza, etc. Las técnicas teatrales adaptadas vistas anteriormente, también son muy adecuadas.

1. Dramatización. El juego dramático.

Dramatizar es dar condición dramática, es decir, representar una situación con el fin de conmover al espectador. Por tanto, es convertir un suceso real o imaginario en una historia susceptible de ser representada escénicamente, "teatralizada" (Fernández -coord.- 2002).

Es la representación de situaciones donde median personajes con un argumento que está dentro de un espacio y tiempo. Cuando la representación dramática se realiza **sin** previo guión, surgiendo espontáneamente a partir de unos estímulos dados, se llama "*improvisación*".

Se diferencia de **teatro** en que éste se encuadra en la orientación escénica, profesional. En cambio, el juego dramático se ubica en la corriente pedagógica. No obstante, juego y teatro, aunque sean conceptos distintos, participan de un proceso común como es recrear y vivenciar situaciones reales o imaginarias.

El hecho de desarrollar un **juego dramático**, al escolar le pone en contacto con un mundo real o irreal en el que es capaz de sentirse creador, destructor o adquirir personalidades determinadas que enriquecen su ser total. Acerca a los actuantes a lenguajes variados y a la posibilidad de relacionarse y cooperar con los demás sin prejuicios ni ataduras sociales (Gil y Gutiérrez, 2005).

El **esquema** del juego dramático se define por los siguientes elementos (Castillo 2000):

- **Tema**: la idea básica que la obra quiere transmitir. Los valores.
- **Personajes**: los seres y objetos reales o imaginarios.
- **Conflicto**: lo que ocurre. Suceso que provoca lucha o contraste, situación problema o contradicción en la que dos fuerzas se enfrentan por una causa.
- **Espacio**: lugar donde se realiza la acción, S.U.M., patio, etc.

- **Tiempo**: el tiempo dramático se refiere al que dura la representación; el de ficción, en cambio, es la época donde ocurre el conflicto.
- **Argumento**: asunto de lo que trata el relato, lo que se cuenta, la trama.

La dramatización lleva implícita unos recursos expresivos como gesto, posición, manifestaciones externas de los propios sentimientos, la expresión verbal con monólogos y diálogos, la expresión rítmica musical que armoniza movimiento y sonido, la música que se inserta en los diálogos para acompañar a los movimientos, etc. Además implica gestionar la iluminación, decoración y ornamentación para crear un ambiente motivador (Gil y Gutiérrez, 2005).

La **performance** es una muestra escénica, muchas veces con un importante factor de improvisación, que busca provocación, estética y asombro. El término empezó a ser utilizado para definir ciertas manifestaciones artísticas a finales de los años sesenta del pasado siglo.

El "**happening**" está basado en la improvisación y suele implicarse al público en la obra, huyendo en muchas ocasiones de una historia estructurada. Es, dada sus características, de difícil aplicación en Primaria.

En parecidos términos podemos hablar del "**flashmob**", (destello de multitud). Es una acción organizada en la que un gran grupo de alumnos se citan, normalmente a través de las redes sociales, en un lugar público, para realizar una representación algo inusual y luego se dispersa rápidamente. Su finalidad es entretenerse, pero también puede ser una reivindicación social (Gore, 2010).

El "**lipdup**" es la sincronización o doblaje de labios de relatos hechos por otras personas, aunque lo habitual es hacerlo de una canción. No hay sonido propio, como es el karaoke, interpretamos con los labios y gestos lo que verbalizan otros.

Al **teatro negro** lo consideramos un nivel superior ya que se trata de una escenificación en un espacio totalmente oscuro y en condiciones lumínicas especiales por usar "luz negra", que resalta ciertos tejidos y materiales. La representación con luz negra, por su carácter versátil, mágico y creativo, es un espectáculo capaz de transportar al alumnado a un mundo irreal en el que, además de que todo es susceptible de transformarse o surgir de la nada, se contempla la integración de aspectos tales como poesía, danza, música, canto, acrobacia y mimo. Llevar a nuestro alumnado más allá del aula tradicional, al "territorio del teatro negro", implica presentarles una serie de herramientas creativas y novedosas al servicio de su imaginación, que será un recurso clave en su incorporación a un mundo cambiante, abierto y plural. Se basa en el uso del cuerpo, espacio, recursos materiales y música (Pedraza y Torrent, 2013)

2. Mimodrama.

En realidad, el "mimo" es el **actor** que hace una representación llamada "**pantomima**" o "**mimodrama**" [1] y que es el arte de expresarse mediante el **gesto** y otros movimientos corporales prescindiendo del lenguaje verbal, para interpretar situaciones, personajes, estados de ánimo, etc. Este arte exige que los gestos sean precisos, significativos y, a veces, caricaturescos (Fernández -coord.- 2002).

---

[1] El mimodrama es una especialidad teatral creada por Decroux. Es un arte dramático del movimiento. En cambio, la pantomima tiende más a cambiar las palabras por los gestos. No obstante, estas apreciaciones no son totalmente asumidas por la totalidad de los autores especialistas.

El "teatro de las sombras" es considerado como una forma de pantomima habida cuenta que puede hacerse sin utilizar la palabra, aunque también con diálogos, cantos y sonidos de instrumentos musicales. Se necesita dominar unas técnicas mínimas, así como contar con unos recursos específicos como un haz de luz y una pantalla (Martín, Cabañas y Gómez, 2005).

3. Baile o danza.

Ambos términos son sinónimos, aunque la danza persigue más unos movimientos estéticos, creativos y de interpretación. El baile tiene unas connotaciones menos estrictas y más lúdicas.

La danza es la más **antigua** de todas las artes, surge con la persona -hay referencia de ello desde las primeras crónicas-, ha sido una expresión espontánea de la vida colectiva. Las danzas naturales han evolucionado perdiendo la precisión de su origen y subsistiendo en formas de folclore en la **herencia cultural** de los países (Fernández -coord.- 2002). El ballet surgió de la fusión del acróbata, el profesional y el aristócrata. La danza moderna nació como reacción opuesta y como necesidad de búsqueda de nuevas formas de expresión artística.

En la actualidad todas se pueden clasificar dentro de **dos** grandes **ramas** (Cuéllar, 2004):
- **Danza clásica**: también llamada académica y sujeta a técnicas rígidas.
- **Danza moderna**: iniciada por Isadora Duncan. Pretende liberarse de todos los cánones establecidos y dejar al cuerpo que se exprese **libremente**. Podemos incluir aquí los bailes de salón (vals, cha-cha-chá, tango, polka, merengue...), danza jazz y a los bailes de discoteca como bacalao, video-clips, rock, etc. y que tanta significación tienen para el alumnado del tercer ciclo de Primaria y E. S. O. Renobell (2009), plantea actividades expresivas y rítmicas con diferentes estilos del mundo de la danza, como son: el country infantil, el aeróbic latino, las danzas populares nacionales e internacionales (que incluyen a las africanas), coreografías adaptadas, los juegos motrices y rítmicos, etc.

Existen numerosas clasificaciones de danza. Autores como Linares (1999), nombra a danzas prerromanas, góticas, medievales... Ossona (1984), distingue a la danza flamenca, clásica, de sociedad...

La danza en Primaria debe ser un contenido de carácter **expresivo** y **comunicativo** que contribuya a la educación del alumnado, sin pretender alcanzar un rendimiento (Contreras y García, 2011).

Por otro lado, Montávez (2005), indica una serie de beneficios en su aplicación escolar. Por ejemplo, mejora el sentido espacial y rítmico, las relaciones socio-afectivas, las coordinaciones, etc.

4. Coreografía.

Es la representación de un tema musical usando todos los recursos expresivos posibles, incluidos decorados, música, luces, disfraces, etc. Se realiza en sub-grupos, **mixtos**, de 6 a 12 alumnos y su dificultad más significativa radica en la coordinación grupal.

3.1. EJEMPLOS DE ACTIVIDADES LÚDICAS.

Seguimos a Linares (1989), Rubial (1997), Arteaga, Viciana y Conde (1997), Montávez y Zea (1998), Mateu (1999), Castillo (2000), Motos y García (2001), Campo y otros (2004), Montesinos (2004), Conde, Martín y Viciana (2004), Learreta, Sierra y Ruano (2005), Cachadiñas -coord.- (2006), Learreta, Sierra y Ruano (2006), Rojas (2007), Cuéllar y Francos (2008), Ramírez (2009), Valín (2010), Fernández García (2011), Pedraza y Torrent (2012) y Zagalaz, Cachón y Lara (2014).

Las actividades expresivas se caracterizan por la elevada implicación emocional del alumno y ésta viene determinada porque se fundamentan en la estimulación de la singularidad y la creatividad del alumnado, proponiendo situaciones que requieren la exploración de las posibilidades motrices (Canales, 2010).

a) **Actividades genéricas relacionadas con las posibilidades expresivas corporales.**

1. Expresar con el cuerpo la sensación de agua fría y caliente. Como si estuvieran bajo la ducha. Analizar las diferencias en el movimiento entre las dos sensaciones.

2. Sentados en círculo hacer muecas con la cara, los ojos, las manos. Imitación de animales o personas en distintas situaciones o estado de ánimo.

3. Con los ojos cerrados, expresar con el movimiento qué entienden por suavidad, aspereza, humedad, sequedad, etc.

4. Con los ojos cerrados, hacer de conejos y de culebras. Con los ojos abiertos hacer de león, perro, vaca, águila, etc.

5. Expresar distintos estados de ánimo y caracteres: un niño despreocupado, fuerte, alegre, triste, simpático, bailarín, tímido, presumido, etc.

6. Tendidos, mover y expresar con las manos lo que vaya surgiendo, por ejemplo: las olas del mar en calma, agitado, los árboles movidos por el viento.

7. Imitar el vuelo de las palomas, de las águilas. Los brazos son culebras que van levantándose del suelo; dos cisnes en un estanque; los patos que piden comida; dos gatos que se pelean; dos bailarinas; dos flores que se abren...

8. Jugar a ser la luna y las estrellas, el sol. Proponer una historieta sobre ello para escenificarla. Se puede poner voz y sonido. Desde ahí, improvisar.

9. Con las manos y los pies, decir, sí, no, ven, vete, sube, baja, vuela, etc.

10. Producir sonidos con la voz, sin cantar. Imitar a los pájaros, a los lobos, a los corderos, el caer del agua, los ruidos de la calle, los de casa, el viento, la lluvia, los truenos, los cohetes, etc.

11. Prácticas muy variadas aprovechando la narración de un cuento motor y las canciones motrices (VV. AA., 2011).

b) **Actividades genéricas relacionadas con el espacio.**

1. Elegir un espacio de la sala donde permanezcamos en pie y nos encontremos cómodos.

2. Desde este lugar que hemos elegido, reconocer todo el espacio de la sala a través de la mirada (dimensiones, color, objetos, luz, etc.).

3. Recorrer el espacio de la sala en todos los sentidos y direcciones intentando ocuparla con nuestro desplazamiento. Ocupar el mayor/menor espacio posible.

4. Buscar posibilidades de contacto con el suelo y las paredes a través de toda nuestra superficie corporal. Podemos hacerlo con los ojos cerrados.

5. Por parejas, desplazarse por la sala uno al lado del otro. Alejarse lo más posible sin perder la comunicación (mirada) volver a acercarse.

6. Por parejas, uno con los ojos cerrados y el otro, con los ojos abiertos, guía al compañero por la sala y le ayuda a reconocer por el tacto diversas partes de la misma (paredes, espalderas, objetos, etc.). Cambiar los papeles.

7. Igual que el ejercicio anterior, pero el que guía al compañero lo hace con un sonido original, para que no se confunda con el de otros.

8. Establecer dos grupos dentro de la sala y dar a cada uno un espacio de la misma. Cada uno de ellos simula una tribu y se comporta y organiza como tal en su espacio, sin utilizar la palabra.

c) **Ejemplos de actividades lúdicas genéricas relacionadas con el tiempo.**

1. Caminar por la sala observando las tres fases de la ley del péndulo (preparación, acción y espera). Variar el ritmo de la marcha.

2. Caminar por la sala siguiendo el ritmo marcado por un pandero o cualquier otro elemento de percusión. Utilizar los cuatro tiempos musicales que corresponden a muy lento, lento, rápido y muy rápido e intentar seguir este ritmo con la marcha (muy lenta, lenta, rápida, muy rápida).

3. También con música, elegir libremente uno de los cuatro tiempos y realizar desplazamientos diversos siguiendo ese ritmo (adelante, atrás, lateral, con saltos, etc.).

4. Uno del grupo se desplaza siguiendo el ritmo elegido y los demás lo imitan. Ir cambiando de líder hasta que lo hagan todos.

5. Elegir uno de los cuatro tiempos y desplazarse por la sala siguiendo este ritmo. Al encontrarse con alguien que sigue el mismo ritmo, desplazarse los dos juntos. Sucesivamente se van juntando todos los que siguen el mismo ritmo.

d) **Ejemplos de actividades genéricas de improvisación.**

No debemos conducir las respuestas de los alumnos por un camino que creen "verdadero" para evitar coartar su libertad y permitirles expresarse con total autonomía. Por otro lado, debemos potenciar la **imaginación** y **creatividad** propias de estas **edades**. Buscamos que el alumno/a se ponga en lugar de otro personaje para que se introduzca en en situaciones insospechadas para que **reaccione** ante lo inesperado.

1. Caminar por la sala y saludarse uno a otros, mirándose. Intentar saludar a todos.

2. Marcha, carrera, trazado desordenado evitando tocarse unos a otros. A la señal, encuentro con un compañero, marcha por parejas, etc.

3. Un director de orquesta se separa del grupo y, mediante gestos amplificados, dirige los desplazamientos o los movimientos de todos.

4. Conversar con la espalda. Por parejas, sentados espalda contra espalda. Cerrados los ojos y en silencio contactar con el compañero. Iniciar movimientos e interactuar con el compañero como si se estuviese manteniendo una conversación silenciosa.

5. Igual que el ejercicio anterior, conocer al otro a través de medios no habituales: diálogo de la mirada, del tacto, del gesto, del sonido, con las manos, etc.

6. Por parejas, mantener un diálogo con los hombros, con las caderas, con los pies.

7. Juegos de películas, cantantes y canciones, play-back, juegos de adivinanzas, etc.

8. La mano es un imán. Por parejas, colocados de pie frente a frente, uno pone la palma de la mano a unos centímetros de la cara del otro. La mano inicia un movimiento lento y atrae la cara del compañero que siempre debe guardar la misma distancia respecto a la mano.

9. La sombra. Por parejas, uno se coloca de pie a la espalda del otro y reproducirá sus movimientos como si de la sombra se tratase.

10. Anuncios de televisión, video-clip, "match de improvisación", juegos de zapping...

11. Por parejas, con los ojos cerrados y las manos cogidas, intentar iniciar un diálogo transmitiendo: dolor, ternura, miedo, aburrimiento, etc.

12. Intentar entrar en el círculo de brazos cerrados formado por los compañeros.

13. Una persona intenta representar un sentimiento básico (alegría, amor, tristeza, ira, miedo) y los demás lo analizan.

14. Todo el grupo se coloca en círculo y, por turnos, cada componente va saliendo al centro y corporalmente expresa algo a los demás.

15. Movimiento colectivo. Colocados en fila india, procurando estar lo más juntos posibles. El primero realiza un movimiento que es imitado por el segundo, que a la vez lo es por el tercero, hasta llegar al último. Cada uno sólo está pendiente del que tiene delante. Añadir desplazamiento.

16. Representación de actividades de la vida cotidiana.

e) Ejemplos de actividades usando recursos multimedia.

La pizarra digital es un medio cada vez más normalizado en nuestros centros. Este recurso nos permite muchas posibilidades didácticas. Por ejemplo:

1. "*AEROB-IMAGEN*". Es un aeróbic expresivo adaptado al contexto escolar, utilizando como elemento motivador las imágenes proyectadas. Los alumnos/as se sitúan en frente a la pizarra digital. Proyectamos una presentación en formato Power Point con un tema, por ejemplo El Camino de Santiago. A lo largo de las sesiones de educación física, los alumnos/as "recorren" las etapas del Camino al mismo tiempo que conocen sus monumentos, cultura y paisajes a través del visionado de imágenes y soporte musical correspondiente).

2. "*TEATRO MULTIMEDIA*". Creamos un escenario virtual, a través de proyecciones. Cada diapositiva sugiere un tema, idea o sucesión de las mismas. Los alumnos/as en pequeños grupos o en grupo aula preparan y representan historias surgidas de las imágenes y de la música.

3.2.- ASPECTOS METODOLÓGICOS.

Independientemente de lo expresado por la legislación actual, apuntamos unas orientaciones metodológicas **prácticas**.

Rodríguez Terrón (2006), indica que debemos utilizar una metodología **específica** porque perseguimos una finalidad concreta como es el desarrollo integral del alumnado, por lo que debemos dar más valor al proceso que al resultado y a la persona que a la actividad concreta a realizar.

Si bien muchos autores se inclinan por una metodología basada en la **indagación**, otros la combinan con la **instrucción directa**, como señalan Cuéllar y Francos (2008), citando a García Ruso (1997), Guerber, Leray y Mancouvert (2000), Motos y Aranda (2003), etc.

Cuéllar y Francos (2004), significan que la creación de un ambiente positivo de aprendizaje es una de las variables que contribuye al incremento de nivel de expectativas de aprendizaje en el alumnado.

Al partir de una metodología holística e investigadora, cada actividad es incentivada no para dar una respuesta concreta, sino **divergente**, por lo tanto no tiene nada que ver con un aprendizaje codificado.

El grupo articula sus experiencias, se **relaciona** y se **comunica** a partir de las experiencias individuales, siendo todas válidas. Prevalece el hacer, el propio experimentar con lo interno y externo asociado a la propia imaginación y a la fantasía. Se vive y se experimenta, luego se reflexiona.

El docente no dirige sino que **orienta**. Únicamente cuando se le requiere alguna información, explica, pues lo importante es que la **imaginación** aflore libremente (Gil y Gutiérrez, 2005).

El temor, la timidez, la sumisión pasiva, el miedo a desagradar o el deseo de actuar con perfección para ser aprobado son condicionantes.

A la hora de dirigir a un grupo escolar en expresión corporal, el profesor/a necesita una adecuada **preparación** que le permita encarar con garantías las sesiones de trabajo. Es importante que tenga:
- Un conocimiento **vivencial** de su **cuerpo**.
- Un adecuado sentido del **ritmo**.
- Un adecuado sentido del **espacio**.

La **atención a la diversidad** siempre tiene que estar presente. Valín (2010), indica al respecto que debemos plantear distintos niveles; proponer actividades de aprendizaje diferenciadas y adaptar y modificar las mismas.

3.3. LOS RECURSOS EN EXPRESIÓN CORPORAL.

Nos referimos a los mediadores de tipo material, espacial y ambiental.

- **Materiales**. Debemos utilizar objetos cotidianos que por su textura, forma o color comprometan a niñas y niños a profundizar en las tareas (Gil y Gutiérrez, 2005). Destacamos los relacionados con el sonido. Los soportes audiovisuales y otros materiales diversos tales como cartulinas, telas, paneles de madera, objetos manipulables, colchonetas, maquillaje, etc. Numerosos autores los califican específicamente como "*artefactos*" (Arteaga, Viciana y Conde, 1997).

Learreta, Ruano y Sierra (2006), indican que ya en pleno siglo XXI no podemos desdeñar las posibilidades que nos ofrece la comunicación audiovisual y los **recursos tecnológicos** de todo tipo: CDs, DVD, la imagen digital, Internet, los mp5, presentaciones en Power Point y similares, etc. Constituyen unas herramientas de gran valor pedagógico en el contexto escolar. Por ejemplo, aportaciones musicales por parte del alumnado, sus mezclas, etc. También las grabaciones en formato DVD para evaluar el trabajo realizado, además de recibir feedback. Incluso existen varias webs de organismos públicos y privados donde es posible exponer los trabajos realizados e intercambiarlos con los hechos en otros centros.

- **Espaciales**. Los lugares más habituales en el medio escolar: S.U.M., teatro, aula, naturaleza, y polideportivo municipal, carpas efímeras, etc. (Castillo, 2000). Deben ser espacios amplios, bien iluminados y fáciles de oscurecer, con suelo cálido (moqueta o parquet), donde se pueda trabajar descalzo (Learreta, Ruano y Sierra, 2006).

- **Ambientales**. Debemos procurar entornos aislados del ruido y con luz regulable a voluntad. Es lo que Linares (1989) denomina "*rapport*", para definir el clima o ambiente físico y motivacional que envuelve la realización de unas tareas concretas, como son las expresivas.

3.4. ESTRUCTURA DE LA CLASE EN EXPRESIÓN CORPORAL.

Es variada y está en función de los autores que leamos. Tradicionalmente se opta por Comienzo, Desarrollo y Final o Síntesis, aunque las tres partes están muy encadenadas

Durante el **Comienzo** tratamos de crear un clima de tranquilidad y deseo de trabajar. Podemos empezar con actividades como sentarse y conversar sobre el tema de la clase, desplazarse por la sala sin chocar con personas o cosas, igual pero con música, etc. También es válida una buena relajación en determinados grupos.

El **Desarrollo** de la clase es el modo específico de abordar el tema elegido. Aquí podemos incluir trabajos sobre el espacio, tiempo, comunicación, conciencia corporal, etc.

El **Final** o **Síntesis** es un momento tan importante como los anteriores. Se trata, mediante un juego, una conversación o un descanso organizado, que el alumno pueda redondear su experiencia y retenga un recuerdo grato de ella.

Por su parte, Montávez y Zea (1998), indican su ideal de sesión-tipo:
- Calentamiento expresivo. Presentación (sólo en las primeras sesiones).
- Calentamiento expresivo. Puesta en acción.
- Espacio de creación. Parte central, contenidos propios y mayor duración.
- Relajación holística. Recuperación y bienestar personal.
- Reflexión compartida. Puesta en común.

Valín (2010), señala cinco partes: explicación previa; puesta en acción; la sesión propiamente dicha; vuelta a la calma; reflexión.

3.5. LA EVALUACIÓN EN EXPRESIÓN CORPORAL.

A partir de los criterios expuestos en el R. D. 126/2014, y vistos en el punto 1.2, destacamos unos aspectos más concretos. Por ejemplo, creatividad, participación interés, representación práctica, integración del grupo, cooperación, respeto a las decisiones, expresión de mensajes verbales y gestuales, desinhibición, relación grupal, etc. (Cuellar y Francos, 2008).

Como instrumento de medición podemos utilizar listas de control, que acumulan datos terminales sobre los objetivos alcanzados, y el registro anecdótico, además de evaluar el proceso y el resultado obtenido. Cuestionarios, entrevistas, diarios y escalas de valoración son también muy usadas.

Cada vez se utiliza más la grabación en vídeo (autoscopia) como medio para observar multitud de aspectos que emanan de la práctica y que es muy difícil evaluarlos en "vivo". Esto nos permite detectar algunas "lagunas" relacionadas con la percepción corporal, espacial y temporal. No obstante, en los últimos tiempos el tema de la grabación de imágenes con menores se ha vuelto muy sensible.

Motos y Aranda (2001) establecen un "modelo multidimensional" de evaluación en expresión corporal, que debe responder a estas cuatro preguntas: ¿quién evalúa?; ¿qué evaluar?; ¿cómo evaluar?; ¿cuándo evaluar?

Motos (2008), señala, entre otros, una serie de instrumentos y pruebas muy específicos usados en la medición de los efectos de la formación en creatividad dramática para el alumnado entre 3 y 8 años. Se trata de *"pensando creativamente en acción y movimiento"*, compuesto de cuatro actividades que valoran tres aspectos de la creatividad: fluidez, imaginación y originalidad:

a) ¿De cuántas formas?
b) ¿Te puedes mover igual?
c) ¿De qué otras maneras?

Valín (2010), propone una serie de ítems para evaluar teniendo como herramienta una lista de control: ¿propone una propuesta creativa?; ¿sigue su movimiento el ritmo de la música?; ¿tiene variedad de pasos, posturas, gestos?; etc.

No debemos olvidar la autoevaluación. Los registros usados deben ofrecer esta posibilidad para reflexionar y contribuir a la mejora de la responsabilidad, propiciar la reflexión, etc. (Cuéllar y Francos, 2008).

La O. de 03 agosto de 2010, *por la que se regulan los servicios complementarios de la enseñanza de aula matinal, comedor escolar y actividades extraescolares en los centros docentes públicos, así como la ampliación de horario"*, especifica que pueden incluirse en la oferta, **talleres de expresión**.

CONCLUSIONES

La expresión es la disciplina que tiene por objeto el estudio, trabajo y desarrollo de los aspectos expresivos, comunicativos, afectivos y cognoscitivos del cuerpo y movimiento. Todo ello conducente a la formación integral del alumnado.

El juego es un recurso imprescindible en esta etapa como situación de aprendizaje, acordes con las intenciones educativas, y como herramienta didáctica por su carácter motivador. Las propuestas didácticas deben incorporar la reflexión y análisis de lo que acontece y la creación de estrategias para facilitar la transferencia de conocimientos de otras situaciones.

Hemos visto la importancia que tiene la expresión corporal en la educación corporal del alumnado de Primaria. También su relación con toda la motricidad: percepciones, coordinaciones, habilidades motrices, y su eficacia como actividad lúdica cooperativa y de relación. Todo ello ha quedado de manifiesto al estudiar su tratamiento en los elementos del currículo: objetivos de etapa y área, otras áreas, temas transversales, bloques de contenido, etc. No podemos olvidar que estos contenidos se entienden como "neutros", es decir, que tradicionalmente no se relacionan con el género.

BIBLIOGRAFÍA

- ANSÓ, R. (2007). *Tejiendo la interculturalidad. Actividades creativas para el aula.* Catarata y M. E. C. Madrid.
- ARTEAGA, M. VICIANA, V. y CONDE, J. (1997). *Desarrollo de la expresividad corporal.* INDE. Barcelona.
- BERNAL, J. y CALVO-NIÑO, M. L. (2000). *Didáctica de la Música. La Expresión Musical en la Educación Infantil.* Aljibe. Archidona (Málaga).
- BLOUIN LE BARON, J. (1982). *L'expresion corporelle.* Revista "Éducation Physique et Sport", nº 178, pp. 58-62. París.
- CACHADIÑA Mª P. -Coord-. (2006). *La expresión corporal en clase de educación física.* Wanceulen. Sevilla.
- CAMPO, J. J. y otros. (2004). *Fichero de Juegos de expresión y cooperación.* INDE. Barcelona.
- CANALES, I. (2010). *La desinhibición en expresión corporal.* Wanceulen. Sevilla.
- CAÑIZARES, J. Mª y CARBONERO, C. (2007). *Temario de oposiciones de Educación Física para Primaria.* Wanceulen. Sevilla.
- CASTILLO, A. (2000). *La dramatización y el lenguaje corporal en Primaria.* En ORTIZ, M. (coord.) *Comunicación y lenguaje corporal.* Proyecto Sur Ediciones. Granada.
- CHINCHILLA, J. L. y ZAGALAZ, M. L. (2002). *Didáctica de la Educación Física.* CCS. Madrid.
- CHINCHILLA J. L. y DÍAZ, A. M. (2015) -coords.- *Danza, educación e investigación. Pasado y presente.* Aljibe. Archidona (Málaga).
- CONDE, J. MARTÍN, C. y VICIANA, V. (2004). *Las canciones motrices.* INDE. Barcelona.
- CONTRERAS, O. R. y GARCÍA, L. M. (2011). *Didáctica de la Educación Física. Enseñanza de los contenidos desde el constructivismo.* Síntesis. Madrid.
- CUÉLLAR, Mª J. (2004). *Bases teóricas y didácticas de la Educación Física.* Arte Digital. Tenerife.
- CUÉLLAR, Mª J. y FRANCOS, Mª C. (2008). *Expresión y comunicación corporal.* Wanceulen. Sevilla.
- CONTRERAS, O. (2004). *Didáctica de la Educación Física.* INDE. Barcelona.
- DELGADO, M.; TERCEDOR, P. y TORRE, E. (2008). *Método y técnicas para el conocimiento y mejora de la comunicatividad y expresividad personal y sus repercusiones en la calidad de vida.* En CUÉLLAR, Mª J. y FRANCOS, Mª C. *Expresión y comunicación corporal.* Wanceulen, Sevilla.
- FERNANDEZ GARCÍA, E. -coord.- (2002). *Didáctica de la Educación Física en la Educación Primaria.* Síntesis. Madrid.
- FERNÁNDEZ GARCÍA, C. (2011). *Actividades rítmicas dirigidas en Educación Física. Aeróbic, Aeróbic Latino y Cardiobox.* Wanceulen. Sevilla.

- GIL, P. y GUTIÉRREZ, D. (2005). *Expresión Corporal y Educación Infantil*. Wanceulen. Sevilla.
- GORE, G. (2010). *Flash Mob Dance and the Territorialisation of Urban Movement*. Antropological Netbooks, 16(3), 125-131.
- JUNTA DE ANDALUCÍA (2007). Ley 17/2007, de 10 de diciembre, de Educación de Andalucía (L. E. A.). B. O. J. A. nº 252, de 26/12/07.
- JUNTA DE ANDALUCÍA (2015). *Decreto 97/2015, de 3 de marzo, por el que se establece la ordenación y las enseñanzas correspondientes a la Educación primaria en Andalucía*. B. O. J. A. nº 50, de 13/03/2015.
- JUNTA DE ANDALUCÍA. (2015). *Orden de 17 de marzo de 2015, por la que se desarrolla el currículo correspondiente a la Educación Primaria en Andalucía*. B. O. J. A. nº 60, de 27/03/2015.
- JUNTA DE ANDALUCÍA (2010). *Decreto 328/2010, de 13 de julio, por el que se aprueba el Reglamento Orgánico de las escuelas infantiles de segundo grado, de los colegios de educación primaria, de los colegios de educación infantil y primaria, y de los centros públicos específicos de educación especial*. BOJA nº 139, de 16/07/2010.
- JUNTA DE ANDALUCÍA (2010). *Orden de 03 agosto de 2010, por la que se regulan los servicios complementarios de la enseñanza de aula matinal, comedor escolar y actividades extraescolares en los centros docentes públicos, así como la ampliación de horario*. BOJA núm. 158 de 12/08/2010.
- JUNTA DE ANDALUCÍA (2014). *Orden de 7 de mayo de 2014, por la que se establecen medidas para la inclusión del Flamenco en el sistema educativo andaluz*. BOJA nº 101, de 27/05/2014.
- LEARRETA, B.; SIERRA, M. A. y RUANO, K. (2005). *Los contenidos de Expresión Corporal*. INDE. Barcelona.
- LEARRETA, B.; SIERRA, M. A. y RUANO, K. (2006). *Didáctica de la Expresión Corporal*. INDE. Barcelona.
- LEIVA, J. J. (2012). *Educación Intercultural y convivencia en la escuela inclusiva*. Ediciones Aljibe. Málaga.
- LINARES, P. (1989). *Expresión corporal y desarrollo psicomotor*. Unisport. Málaga.
- LINARES, P. (1999) -coord.-. *Expresión y comunicación corporal en Educación Física*. Grupo Editorial Universitario. Granada.
- LORENZO, A. I. y SOUTO, R. (2008). *El ritmo musical y la expresión y la percusión corporales*. En CUÉLLAR, Mª J. y FRANCOS, Mª C. *Expresión y comunicación corporal*. Wanceulen, Sevilla.
- MARTÍN, S., CABAÑAS, M. L. y GÓMEZ, J. J. (2005). *El teatro de sombras en la escuela*. Wanceulen. Sevilla.
- MARTÍNEZ, A. y DÍAZ, P. (2008). *Creatividad y deporte*. Wanceulen. Sevilla.
- MATEU, M. (1999). *1000 ejercicios y juegos aplicados a las actividades corporales de expresión*. Paidotribo. Barcelona.
- M.E.C. (2013). *Ley Orgánica 8/2013, de 9 de diciembre, para la mejora de la calidad educativa*. BOE Nº 295, de 10/12/2013.
- M. E. C. (2006). *Ley Orgánica 2/2006, de 3 de mayo, de Educación* (L. O. E.). B. O. E. nº 106, de 04/05/2006, modificada por la LOMCE/2013.
- M. E. C. (2010). *Real Decreto 132/2010, de 12 de febrero, por el que se establecen los requisitos mínimos de los centros que impartan las enseñanzas del segundo ciclo de la educación infantil, la educación primaria y la educación secundaria*. B.O.E. nº 62, de 12/03/2010.
- ECD/65/2015, *O. de 21 de enero, por la que se describen las relaciones entre las competencias, los contenidos y los criterios de evaluación de la educación primaria, la educación secundaria obligatoria y el bachillerato*. B.O.E. nº 25, de 29/01/2015.

- MONTÁVEZ, M. y ZEA, M. J. (1998). *Expresión Corporal. Propuestas para la acción.* Autoedición. Málaga.
- MONTÁVEZ, M. (2005). *La Danza como actividad físico-artística saludable.* En GUILLÉN, M. -coor.- *El ejercicio físico como alternativa terapéutica para la salud.* Wanceulen. Sevilla.
- MONTESINOS, D. (2004). *La expresión corporal. Su enseñanza por el Método Natural Evolutivo.* INDE. Barcelona.
- MOTOS, T. (1983). *Iniciación a la Expresión Corporal.* Humanitas. Barcelona.
- MOTOS, T. y GARCÍA, L. (2001). *Práctica de la Expresión Corporal.* Ñaque Editora. Ciudad Real.
- MOTOS, T. (2008). *Habilidades de dramatización y evaluación de la creatividad dramática.* En CUÉLLAR, Mª J. y FRANCOS, Mª C. (2008). *Expresión y comunicación corporal.* Wanceulen. Sevilla.
- NAVARRO, V. (2007). *Tendencias actuales de la Educación Física en España. Razones para un cambio.* (1ª y 2ª parte). Revista electrónica INDEREF. Editorial INDE. Barcelona. http://www.inderef.com
- ORTIZ, M. M. (2000) -coord.-. *Comunicación y lenguaje corporal.* Proyecto Sur Ediciones. Granada.
- ORTIZ, M. M. (2002). *Expresión Corporal. Una propuesta para el profesorado de Educación Física.* Grupo Editorial Universitario. Granada.
- OTERO, J. (2012). *Tratado de bailes de sociedad. Regionales españoles. especialmente andaluces: con su historia y modo.* Tecnographic S. L. Sevilla.
- OSSONA, P. (1984). *La educación por la danza.* Paidós. Barcelona.
- PASTOR, J. L. (coord.) (2007). *Motricidad.* Wanceulen. Sevilla.
- PEDRAZA, M. P. y TORRENT, M. A. (2013). *El teatro negro: teoría y práctica.* INDE. Barcelona.
- RAMÍREZ, I. (2009). *99 Juegos de expresión corporal y musical para niños de 5 años.* Wanceulen. Sevilla.
- RENOBELL, G. (2009). *Todo lo que hay que saber para bailar en la escuela.* INDE. Barcelona.
- RODRÍGUEZ TERRÓN, J. J. (2006). *Punto de partida.* En CACHADIÑA, M. P. (Coord.) *La expresión corporal en clase de educación física.* Wanceulen. Sevilla.
- ROMERO-MARTIN, R. (1997). *La Expresión Corporal en el ámbito educativo.* Revista electrónica Áskesis. (http://askesis.es)
- ROJAS, P. (2007). *Expresión corporal. Una asignatura apasionante.* Wanceulen. Sevilla.
- RUANO, K. (2006). *El cuerpo y el movimiento: aspectos cognoscitivos, comunicativos y creativos.* En CACHADIÑA, M. P. (Coord.) *La expresión corporal en clase de educación física.* Wanceulen. Sevilla.
- RUBIAL, O. (1997). *Unidades didácticas de expresión corporal.* INDE. Barcelona.
- RUEDA, B. (2004). *La expresión corporal en el desarrollo del área de educación física.* En Castillo, E.; Díaz, M. *Expresión Corporal en Primaria.* U. de Huelva. Servicio de publicaciones.
- SCHEFLEN, A. (1976). *El lenguaje del cuerpo y el orden social.* Diana. México.
- SHINCA, M. (1983). *Psicomotricidad. Ritmo y Expresión Corporal.* Escuela Española. Madrid.
- SHINCA, M. (1988). *Expresión Corporal. Bases para una programación teórico-práctica.* Escuela Española. Madrid.
- SHINCA, M. (2011) MANUAL DE PSICOMOTRICIDAD, RITMO Y EXPRESIÓN CIORPORAL. Wolters Kluwer España, S. A. Ebook.
- TORRENT, Mª A. y PEDRAZA, Mª P. *Teatro negro.* En CUÉLLAR, Mª J. y FRANCOS, Mª C. (2008). *Expresión y comunicación corporal.* Wanceulen, Sevilla.

- TORRES, J. (2000). *Marco conceptual y curricular de la expresión corporal en Educación Primaria.* En ORTIZ, M. M. (coord.) *Comunicación y lenguaje corporal.* Proyecto Sur de Ediciones, S. L. Granada.
- VALÍN, A. (2010). *Expresión Corporal y Técnicas Corporales.* Librerías Deportivas Esteban Sanz. Madrid.
- VICIANA, J. (2002). *Planificar en Educación Física.* INDE. Barcelona.
- VIZUETE, M. (2003). *Los lenguajes y la comunicación. Dimensiones culturales, didácticas e interdisciplinares de la expresión humana.* En Secretaría General Técnica (Ed.). *Los lenguajes de la Expresión.* Ministerio de Educación, Cultura y Deporte. Madrid.
- VILLADA, P. y VIZUETE, M. (2002). *Los fundamentos teórico didácticos de la Educación Física.* Ministerio de Educación, cultura y Deportes. Madrid.
- VV. AA. (2011). *Cuentos motores en Educación Física. Primaria. Érase una vez en... Educación Física.* INDE. Barcelona.
- ZAGALAZ, Mª L.; CACHÓN, J.; LARA, A. (2014). *Fundamentos de la programación de Educación Física en Primaria.* Síntesis. Madrid.

WEBGRAFÍA (Consulta en octubre de 2015).
- http://recursos.cnice.mec.es/edfisica/
- www.juntadeandalucia.es/educacion/descargasrecursos/curriculo-primaria/index.html
- http://recursos.cnice.mec.es/edfisica/
- http://www.ite.educacion.es/es/recursos
- http://www.adideandalucia.es

www.ingramcontent.com/pod-product-compliance
Lightning Source LLC
Chambersburg PA
CBHW080457170426
43196CB00016B/2844